"아이들은 컴퓨터에 끌려가는 게(programmed) 아니라
컴퓨터를 스스로 이끌어야(programming) 한다."

- 프로그래밍 언어 로고 개발자, 교육학자
시모어 페퍼트 -

### 진 루엔 양
중국계 미국인으로 초등학교 5학년 때부터 만화를 꾸준히 그렸고, 1997년 미국 만화계의 권위 있는 제릭재단에서 상을 받으며 작가 생활을 시작했어요. 컴퓨터과학 교사로 17년 동안 학생들을 가르치다가, 현재는 햄린대학교에서 청소년 문학과 글쓰기를 가르치고 있습니다. 그래픽 노블 《진과 대니》로 전미 도서상 최우수 후보작(2006), 마이클 프린츠 상(2006), 아이스너 상(2007)을 받았으며, 〈의화단〉 시리즈가 LA타임스 도서상을 받았습니다. 그밖에 지은 책으로 〈아바타: 최후의 에어벤더 Avatar:The Last Airbender〉시리즈와 《슈퍼맨 Superman》 등이 있습니다. 2016년 미국의회도서관에서 청소년문학 대사로 임명받아 '독서는 장벽이 없다! Reading Without Walls'라는 슬로건으로 다양한 활동을 펼치고 있습니다. 현재, 한국인 아내와 네 아이와 함께 샌프란시스코 만에서 살고 있습니다. geneyang.com

### 마이크 홈스
〈시크릿 코더〉 시리즈를 비롯해 〈용감한 전사들 Bravest Warriors〉 〈어드벤처 타임 Adventure Time〉 같은 시리즈에 그림을 그렸습니다. 지은 책으로 《마이크너시스 Mikenesses》 《실화 모음집 True Story collection》 《속임수 Shenanigans》 등이 있습니다. 현재, 영혼의 단짝 고양이 엘라와 함께 살고 있습니다.

### 임백준
서울대학교에서 수학을 공부하고, 미국으로 건너가 인디애나 주립대학교에서 컴퓨터과학을 공부했어요. 중학교 시절 8비트 컴퓨터와 베이식 언어를 접하며 프로그래밍에 대한 재미를 알게 되었습니다. 지금은 맨해튼의 스타트업 회사에서 분산 처리, 빅데이터, 머신러닝과 관련된 프로그램을 개발하면서, 여러 매체에 글을 기고하고, 팟캐스트 방송 〈나는 프로그래머다〉 호스트로 활약하고 있습니다. 지은 책으로 《임백준의 대살개문》 《누워서 읽는 알고리즘》 《팟캐스트 나는 프로그래머다 1, 2》 등이 있습니다. 현재, 미국 뉴저지에서 아내와 두 딸과 함께 살고 있습니다. baekjun.lim@gmail.com

---

**시크릿 코더 ④ 가장 강력한 터틀봇을 코딩하라!** 진 루엔 양 글 · 마이크 홈스 그림 | 임백준 옮김

**1판 1쇄 펴낸날** 2017년 12월 22일 | **펴낸이** 이충호 | **펴낸곳** 길벗어린이(주) | **등록번호** 제 10-1227호 | **등록일자** 1995년 11월 6일
**주소** 10881 경기도 파주시 문발로 214-12 | **대표전화** 031-955-3251 | **팩스** 031-955-3271 | **홈페이지** www.gilbutkid.co.kr
**총괄** 권혁환 | **편집 1팀** 송지현 최미라 | **편집 2팀** 이은영 김하나 | **디자인** 이주현 서정민
**마케팅** 이정욱 유소희 김서연 김도연 | **총무·제작** 최수용 손희정 임희영
ISBN 978-89-5582-433-9 77000 | 978-89-5582-369-1 (세트)

SECRET CODERS #4 Robots & Repeats by Gene Luen Yang, illustrated by Mike Holmes
Copyright ⓒ 2017 by Humble Comics LLC
All rights reserved.
This Korean edition was published by Gilbut Children Publishing Co., Ltd. in 2017 by arrangement with
First Second, an imprint of Roaring Brook Press, a division of Holtzbrinck Publishing Holdings
Limited Partnership through KCC(Korea Copyright Center Inc.), Seoul.

이 책의 한국어판 저작권은 한국저작권센터(KCC)를 통해 저작권자와 독점 계약한 길벗어린이 (주)에 있습니다.
저작권법에 따라 한국 내에서 보호를 받는 저작물이므로 무단 복제와 전재를 금합니다.

이 책의 국립중앙도서관 출판예정도서목록(CIP)은 서지정보유통지원시스템 홈페이지(http://seoji.nl.go.kr)와 국가자료공동목록시스템
(http://www.nl.go.kr/kolisnet)에서 이용하실 수 있습니다. (CIP 제어번호 : CIP2017030984)

가장 강력한 더틀봇을 코딩하라!

진 루엔 양 & 마이크 홈스
임벽준 옮김

길벗어린이

# 시크릿 코더 요원들!

### 호퍼 0111

전학 온 첫날부터 엉망진창이었어.
스테이틀리 아카데미가 유령의 집처럼 섬뜩했거든.
게다가 한심한 녀석들한테 아는 척했다가 한판 붙을 뻔했다니까.
아빠가 집을 나간 뒤, 엄마에게 까칠하게 굴게 됐어.
다정한 에니를 만나면서 서서히 마음을 열게 되었지.

### 에니 1010

이성적이면서도 다정한 성격이야. 학교 농구 팀 에이스지.
그럴 만도 해. 누나 셋 모두 농구 팀인 데다가 엄마는 대학교 때 농구
선수였고, 아빠도 NBA에 들어갈 뻔했다나. 코딩 실력도 상당해.
학교의 비밀을 파헤치려면 코딩이 필수였거든!
시크릿 코더들의 눈부신 활약을 지켜봐!

### 조시 1000

친구들에게 기분 나쁜 농담을 자주 던져. 못된 건 아니지만
조금 얄밉달까? 단짝 조쉬가 이사 가고 외톨이가 된 뒤, 호퍼한테
다가가지만 받아주질 않지. 친했던 에니가 호퍼랑 절친이 되자,
호퍼에게 무례하게 굴었거든.
조시는 에니와 호퍼 틈에 낄 수 있을까?

### 미스터 비

스테이틀리 아카데미의 관리인이야.
아이들을 몹시 싫어하고 괴팍하지만
수상한 학교의 비밀을 알고 있는 유일한 존재이기도 하지.
터틀봇을 관리하고, 2진 코드로 움직이는 버드봇을 조종해.

### 리틀 가이

미스터 비의 터틀봇 중 하나야. 창고에서 처음 발견했지.
진짜 이름은 '파스칼 주니어'야. 몸집은 작아도 성능이 엄청나.
등딱지 안에 컴퓨터도 내장돼 있지. 터틀봇들은 '로고(Logo)'라는
전설의 프로그래밍 언어로 소통해.

⚠️ **닥터 원-제로**

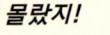

음하하하! 초록색 팝, 요건 몰랐지!

>1010
세상에서 가장 강력한 터틀봇

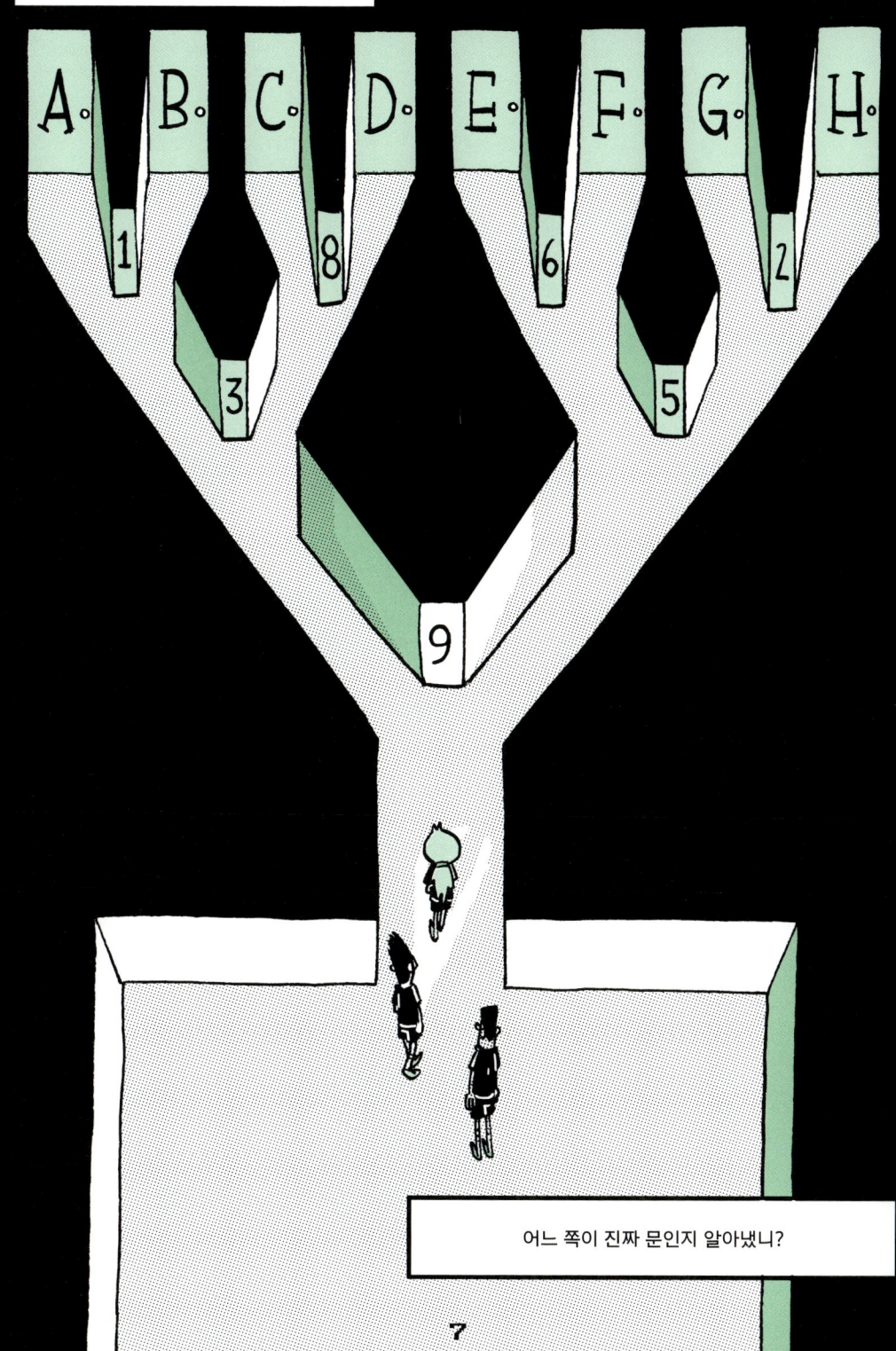

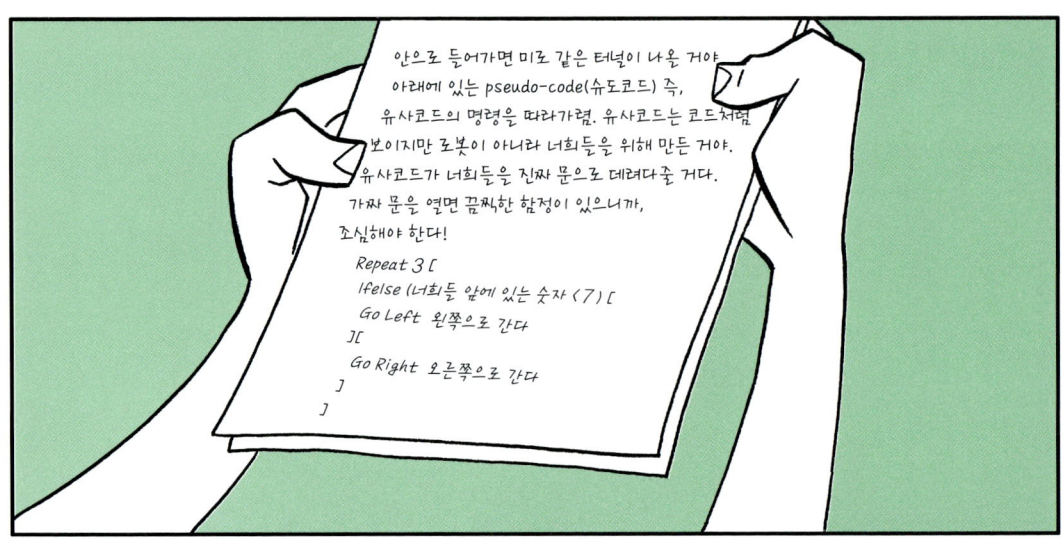

>1011
Repeat 속에 Repeat

오른쪽으로 90도 회전,

Repeat 5 [
  Forward 5
  **Right 90**
  Forward 5
  Left 90
]

앞으로 5걸음,

Repeat 5 [
  Forward 5
  Right 90
  **Forward 5**
  Left 90
]

왼쪽으로 90도 회전,

Repeat 5 [
  Forward 5
  Right 90
  Forward 5
  **Left 90**
]

# >1011
# 사각형 꽃잎 그리기

그래서 직접 만든 코드는 어때?
*Repeat* 명령어 속에 *Repeat* 명령어를 넣었니?

옆면의 길이는 얼마쯤일까? 15걸음?

대충 그런 것 같네!

각 꽃잎은 거의 정사각형이야… 한 면이 없는 정사각형이지.

우리가 생각한 코드를 친구들에게 설명해 줄게.

그럼 사각형을 그리는 코드를 짜고…

```
REPEAT 4 [
FORWARD 15
RIGHT 90
]
```

…그걸 고쳐서, *4면 대신 3면만* 그리게 하면 되겠지.

```
REPEAT 3 [
FORWARD 15
RIGHT 90
]
```

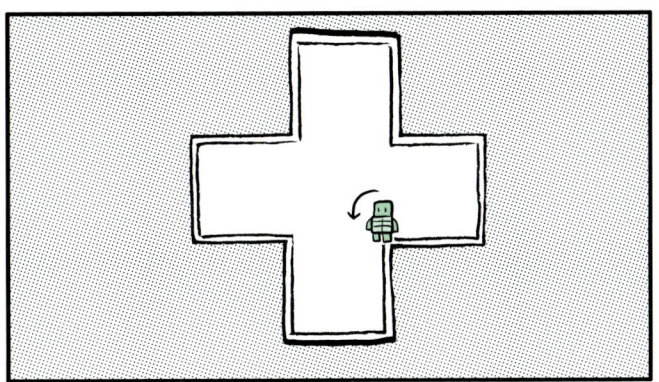

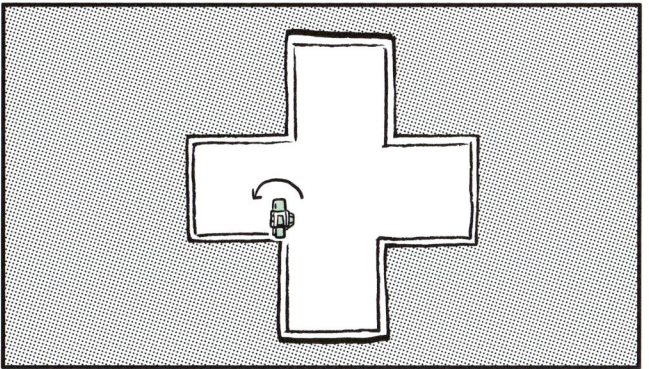

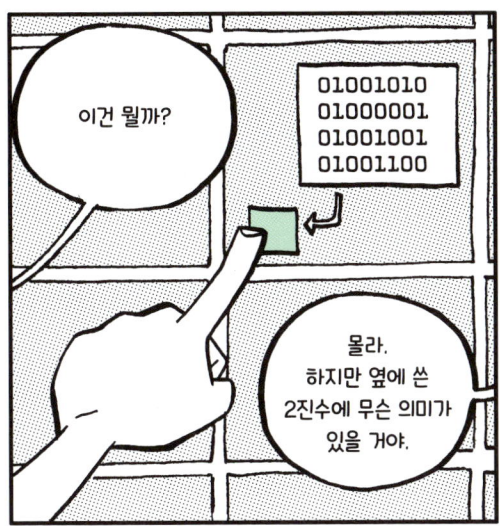

마지막이야!
01001100!

64 + 8 + 4…

…76이야.

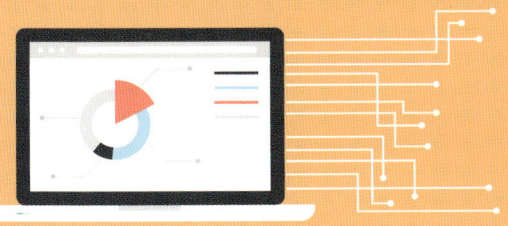 

# 시크릿 코딩 연구실

### ▶ Repeat 명령어

로고(Logo)에서 육각형을 그리려면 아래와 같이 명령하면 됩니다.

Forward 15 Left 60
Forward 15 Left 60
Forward 15 Left 60
Forward 15 Left 60
Forward 15 Left 60
Forward 15 Left 60

코드가 6개나 필요하지요. 하지만 아래와 같이 Repeat 명령어를 이용하면 코드가 훨씬 간단해집니다.

Repeat 6 [Forward 15 Left 60]

보세요, 단 1개의 코드로 충분하지요! Repeat 명령어는 명령을 '반복한다'는 뜻이고, 바로 뒤의 숫자는 반복할 횟수를 말해요. 6번이라는 조건이 만족될 때까지 대괄호 속 명령이 반복되지요. 이렇게 반복하여 실행할 명령의 모음을 '루프(loop)'라고 합니다. 루프는 코딩의 핵심 개념 가운데 하나이므로 반드시 알아야 해요.

### ▶ 중첩 루프(nested loop)

미스터 비가 했던 말 기억하나요? 한 코드에 Repeat 명령어를 여러 번 쓸 수 있다고 했어요.

Repeat 4 [Repeat 3 [Forward 15 Right 90]]

이렇게 루프 속에 루프를 넣는 것이지요. 이러한 형태를 '중첩 루프'라고 합니다. 시크릿 코더들이 사각형 꽃잎을 그릴 때 짠 코드에도 중첩 루프가 있었지요. 47-58쪽을 펼쳐 보세요!

## 작가 노트

때는 1984년 여름, 내가 초등학교 5학년을 마칠 무렵이었다.

그때는 학교랑 상관없으면 뭐든지 재미있었다. 따지고 보면, 여름과 학교는 정말이지 안 어울리는 조합이다. 아니, 영원한 적이다! 모두들 내 말에 동의하겠지? 불행히도… 우리 엄마는 그 '모두'에 속하지 않았다. 여름 방학이 시작되고 TV 만화 '볼트론(Voltron)' 시리즈가 한창일 즈음, 엄마는 날 강제로 학교에 보냈다. 난 심화 수업을 서너 개 들어야 했다. 30년이 지난 지금까지 기억하는 건 딱 하나다. 컴퓨터 프로그래밍 입문.

교실에는 컴퓨터가 나란히 놓여 있었다. 당시 컴퓨터는 요즘과는 사뭇 달랐다. 화면에 나오는 이미지는 무조건 초록색이었고, 월드 와이드 웹(WWW, World Wide Web)은 발명되지도 않았다. 데이터는 전부 얇고 까만 플로피 디스크에 저장했고, 컴퓨터에 디스크를 꽂으면 컴퓨터가 헉헉대는 소리가 났다.

하지만 그때도… 컴퓨터는 마법 같았다.

나는 '빌'이라는 녀석과 짝이 되었다. 빌은 나보다 한 살이 많았고, 키가 내 머리 하나 정도 컸다. 녀석은 뭔가를 생각할 때 양 주먹을 맞부딪히는 괴상한 버릇이 있었다. 처음에는 무척 거슬렸는데, 나중에는 그럭저럭 적응했다. 빌은 코딩을 이미 배운 터라 알아서 척척 잘 해냈다. 수학 문제를 풀고, 음악을 연주하고, 말장난까지 즐겼다. 그중 가장 인상 깊었던 건 컴퓨터로 그림을 그리는 것이었다. 빌은 명령어 몇 개만으로 복잡하고 환상적인 문양을 만들어 냈다. 불꽃놀이 같기도 하고, 눈 내리는 이국적인 풍경 같기도 했다. 빌이 마법사처럼 보였고, 나도 빌처럼 되고 싶었다.

여름 보충 수업이 끝날 무렵, 마침내 간절한 바람이 이뤄졌다. 나는 무한대로 결합하는 간단한 명령어들로 여러 작업을 해냈다. 때마침 부모님이 컴퓨터를 사 주셨고, 나는 여름 방학 동안, 더 이상 볼트론을 찾지 않았다.

코딩은 창의적이고 강력하다. 코딩은 언어를 그림이나 동작으로 바꾸는 마법이다. 이제는 놀랍고도 강력한 이 마법을 여러분과 나누고 싶다. 〈시크릿 코더〉와 함께 여러분도 마법을 부리는 코더가 될 수 있길! 해피 코딩!

진 루엔 양

## 번역자 노트

우리나라를 비롯해 세계 곳곳에서 '소프트웨어 교육'이 열띠다.
인공지능, IoT, 클라우드로 이루어질 미래에는 코딩, 즉 소프트웨어적으로 사고하는 능력이 중요하다. 코딩은 더 이상 진학이나 취업만을 위한 도구가 아니다. 코딩은 21세기를 살아가는 사람이 반드시 지녀야 할 '교양'이다. 앞으로 소프트웨어와 인공지능이 우리 삶의 모든 부분에서 도움을 줄 것이고, 우리는 컴퓨터가 사고하는 방식을 이해해야만 한다.
그렇다면 아이들에게 어떻게 컴퓨팅 사고력을 가르칠까? 다들 '컴퓨팅 사고를 키워야 한다.'는 말에 수긍하지만, '어떻게 가르칠까?'라는 질문에는 쉽게 답하지 못한다.
특정한 프로그래밍에만 집착하면 본질에서 멀어지고, 유연한 사고를 해칠 수 있다. 그렇다고 실전 없이 컴퓨터과학의 원리, 자료 구조, 알고리즘만 강조해도 아이들의 흥미를 이끌어 내지 못한다.
컴퓨터 프로그래밍에서 가장 중요한 요소는 논리적으로 생각하는 능력이다. 어릴 때부터 퍼즐, 독서, 게임 등을 접하다 보면 자연스럽게 논리적 사고를 키울 수 있다.
진 루엔 양과 마이크 홈스가 쓰고 그린 〈시크릿 코더〉 시리즈는 '본질'과 '흥미' 두 마리 토끼를 모두 잡는 데 성공했다. 엉뚱한 모험 이야기 속에서 흥미롭게 컴퓨팅 사고로 접근하는 작가의 솜씨가 기발하다. 또한 주인공 호퍼와 에니를 비롯해 등장인물은 모두 개성이 넘친다.
독자들은 〈시크릿 코더〉를 읽는 순간, 호퍼와 에니가 되어 컴퓨팅 사고력과 컴퓨터과학을 흥미롭게 배울 수 있다.
꾸준히 책을 써 왔지만, 우리말로 옮기는 작업은 처음이라 만만치 않았다. 번역하는 과정에서 많은 도움을 주고, 재밌고 뜻깊은 책과 인연을 맺어 준 길벗어린이 출판사에 고마움을 전한다.
만화를 좋아하는 아이들, 컴퓨팅 사고력을 어떻게 가르칠지 막막했던 부모와 교사들에게 〈시크릿 코더〉 시리즈를 격하게(?) 권하고 싶다. 호퍼와 에니가 활약하는 흥미진진한 모험 속으로 함께 떠나 보자!

임백준

《시크릿 코더》를 더 깊게 파헤치고 싶다면?
지금 당장 www.gilbutkid.co.kr을 접속하라!

Click!

우선,
홈페이지 왼쪽
배너 클릭!

작가 진 루엔 양이 직접
설명해 주는 코딩 수업 영상!

기본 정보는 물론, 핵심 개념별 미리보기와
응용 예제 코드 제공!

로고 프로그램 설치 방법과 함께
코딩 게임, 퍼즐을 무료로 다운!

영어 사이트 www.secret-coders.com로 연결!

## 시크한 녀석들한데 화끈한 코딩 맛 좀 볼래?

### 시크릿 코더 1 : 수상한 학교를 코딩하라!

수상한 학교에 전학 온 호퍼는 절친이 된 에니와 우연히 코드 명령을 수행하는 터틀봇을 발견한다. 그리고 괴팍한 관리인 미스터 비와 학교의 비밀을 파헤치려 하는데…

### 시크릿 코더 2 : 비밀의 출입구를 코딩하라!

미스터 비의 안내로 학교 지하에 숨겨진 비밀을 발견하고 진정한 '시크릿 코더'로 성장한 호퍼, 에니, 조시! 그런데 교장이 리틀 가이와 미스터 비를 납치했다고?

### 시크릿 코더 3 : 위기의 마을을 코딩하라!

마을을 위협하는 미치광이 악당 닥터 원-제로에 맞서 마을을 구해 내려는 시크릿 코더들. 그런데 설마 호퍼의 아빠를 납치한 것도 원-제로의 짓인 걸까?